LE FOYER

DU

THÉATRE-FRANÇAIS.

Par HIPPOLYTE LUCAS.

MOLIÈRE. — DANCOURT.

I

Prix : 3 francs 50 cent.

Paris,

CHEZ BARBA, PALAIS-ROYAL;

CHEZ MICHEL,   CHEZ GUYOT ET FONTAINES,
TERRASSE VIVIENNE, 1.   PASSAGE DES PANORAMAS.

LE FOYER

DU

THÉATRE-FRANÇAIS.

Par HIPPOLYTE LUCAS.

—∘∘∘∘∘—

MOLIÈRE. — DANCOURT.

I

LOUIS XIV : Quel est le plus grand écrivain
de mon siècle ?
BOILEAU : Sire, c'est Molière !

—

Prix : 3 francs 50 cent.

—

Paris,

CHEZ BARBA, PALAIS-ROYAL ;

CHEZ MICHEL,   CHEZ GUYOT et FONTAINES,
TERRASSE VIVIENNE, 1.   PASSAGE DES PANORAMAS.

UNE PAGE D'ALBUM.

Un soir que l'auteur de ces études, moins âgé de quelques années, se trouvait seul au foyer du Théâtre-Français, une bouffée d'orgueil lui monta au cerveau, comme il en vient aux jeunes gens et fit éclore les vers suivans qu'il confia à un album; il les transcrit ici, malgré leur peu de valeur, comme témoignage de sa poétique admiration pour les beaux génies, l'honneur éternel de son pays.

> De tout temps, détaché des préjugés vulgaires,
> La noblesse de cour ne m'inquiéta guères.
> Je n'ai, ni ne veux point d'armes à ma maison.
> Aux sots dont j'ai pitié je laisse un vain emblème,
> Fussé-je descendu de Pharamond lui-même,
>> Je me rirais de mon blason.
>
> Peu jaloux des portraits de tous nos rois de France,
> Si j'avais, par hasard, quelque dette en souffrance,
> Comme un jeune étourdi dépeint par Shéridan,
> Je pourrais sans remords et sans pleurs, j'imagine,
> Malgré l'honneur vanté d'une antique origine,
>> Mettre ma famille à l'encan.

Mais, lorsque je me trouve en ce foyer illustre
Où nos grands écrivains brillent de tout leur lustre ,
Sur leurs hauts piédestaux, au Théâtre-Français :
Mon cœur bat et mon sang bouillonne dans mes veines ;
Ces rois de l'art n'ont pas porté de palmes vaines ;
    Leur couronne, c'est leur succès.

Molière, au long regard, au sourire céleste,
Salut, type touchant et d'Arnolphe et d'Alceste,
Poète au cœur aimant, philosophe profond !
Toi qui peignis si bien les faiblesses de l'homme,
Salut, Racine, et toi, qui fis revivre Rome,
    Corneille au majestueux front !

Je marche devant eux, l'âme tout inspirée...
Je m'écrie, au milieu de la troupe sacrée
Dont les bustes de marbre éblouissent mes yeux :
Jusqu'à terre humblement, incline-toi, poète !
Heureux qui pourrait dire, en relevant la tête :
    Ce sont, ce sont-là mes aïeux !

                1835.

LE FOYER

DU

THÉATRE FRANÇAIS.

MOLIÈRE.

On peut comparer Molière à un vaste réservoir formé de sources diverses, et qui, calme et profond, réfléchit magnifiquement la nature. Le génie observateur de ce poète a saisi de toutes parts, et à bon droit, les traits qui pouvaient servir à former le tableau complet de la vie humaine. Molière a résumé la sagesse et l'expérience des temps. Il appartient à la classe des esprits providentiels qui ont pour mission de rassembler, à certaines époques, les idées éparses, et de leur donner un corps ; ce qu'Homère a fait pour les chants héroïques de la Grèce ; Dante, pour les traditions catholiques du moyen-âge ; Molière l'a fait pour les préceptes universels de la raison. Philosophe, il a pressenti le scepticisme moderne. Pendant que d'une main il foudroyait l'athéisme, de l'autre il faisait poser le masque à l'hypocrisie. On peut dire que Molière a relevé l'autel encensé autrefois par Socrate et par Platon. Aucun législateur n'a mieux tracé que lui les devoirs des époux et des femmes, des fils et des pères, ainsi que nous le prouverons dans l'analyse succincte de chacune de ses pièces prises au point de vue de la morale. Molière, en un mot, n'a jamais contredit les lois sur lesquelles doivent reposer l'ordre et le bonheur de la société : c'est à tort qu'il a été accusé de cette tendance par des critiques de mauvaise humeur.

Nous n'avons dessein ni de tracer ici une froide biographie de Molière, ni de nous livrer à des redites pompeuses sur l'excellence de son génie ; sa biographie se fera d'elle-même, en se mêlant ça et là à l'appréciation de son théâtre. Sans nous appesantir non plus sur les emprunts qu'il a faits, soit aux pièces latines, soit aux types italiens, mais en indiquant ces emprunts de façon à montrer l'art avec lequel il les a revêtus des couleurs de son pays, nous tâcherons principalement de faire voir comment, à l'aide d'une constante étude de lui-même et des autres, il a trouvé enfin la vraie comédie. Molière, en effet, n'a jamais cru être né complet ; ce grand homme était rarement content de ce qu'il avait fait, et souvent on lui appliquait ce vers de Boileau :

Il plaît à tout le monde et ne saurait se plaire.

Comme le grand Corneille, qui n'arriva au *Cid* qu'après sept ou huit pièces d'essai, Molière, avant l'*Étourdi*, sa première comédie régulière, composa plusieurs pièces que sa troupe, dite de l'*Illustre Théâtre*, joua en province avec les autres pièces du temps. Loin de croire, ainsi que nous le disions, être arrivé du premier coup à la perfection, il se bornait au succès de la représentation ; et avant les *Précieuses ridicules*, comédie qui fut imprimée presque malgré lui, il refusa ses œuvres aux libraires. On cite cinq pièces qu'il jugea trop au-dessous de lui pour les vouloir conserver. Boileau a regretté la perte du *Docteur amoureux*. Les *Trois docteurs rivaux* et le *Maître d'école* n'existent plus que par leur titre ; la *Jalousie* de *Barbouillé* et le *Médecin volant*, dont Jean-Baptiste Rousseau a possédé les manuscrits, sont venus jusqu'à notre époque, et nous les avons sous les yeux.

L'authenticité de ces deux pièces paraît certaine. La *Jalousie de Barbouillé* offre un canevas du troisième acte de *Georges Dandin*. La scène dans laquelle Angélique fait à son mari, placé sur un balcon, la menace de se tuer s'il ne descend lui ouvrir la porte du logis, et ferme à son tour, sitôt qu'elle est entrée à l'aide de ce subterfuge, la susdite porte au nez du jaloux, afin de lui rendre là sermon pour sermon, cette scène si comique se trouve tout entière dans l'ébauche dont nous parlons. On y voit pointer Métaphraste du *Dépit amoureux*, Pancrace du *Mariage forcé*, grands amis d'Aristote; on y trouve aussi le latin équivoque de la comtesse d'Escarbagnas. Le style, nous l'avouerons, bien que d'une allure assez franche, ne ferait pas reconnaître Molière; cet esprit si net n'a pas dédaigné, en débutant, la plaisanterie ambiguë du calembourg; il a voulu faire rire les sots. En voici un exemple curieux :

Le Barbouillé.—Eh! monsieur le docteur, écoutez-moi de grâce!

Le Docteur.—*Audi, quæso,* aurait dit Cicéron.

Le Barbouillé. — Oh! ma foi, si se rompt (Cicéron), si se casse, ou si se brise, je ne m'en mets guère en peine ; mais tu m'écouteras, ou je te vais casser ton museau doctoral.

Molière, Molière, où étiez-vous ?

La farce du *Médecin volant* est entachée d'un autre défaut du temps, dont Molière ne s'est jamais complètement corrigé; il s'est souvent complu dans le détail des infirmités physiques et des fonctions de la vie animale; *le Médecin malgré lui*, *l'Amour médecin*, *le Malade imaginaire*, contiennent à ce sujet des traits d'un goût peu délicat : c'était l'esprit de l'époque. Ce bas comique qu'on rencontre dans *le Médecin volant* est emprunté, du reste, ainsi que la pièce tout entière, à Boursault. Il est probable que Molière, ayant vu réussir cette

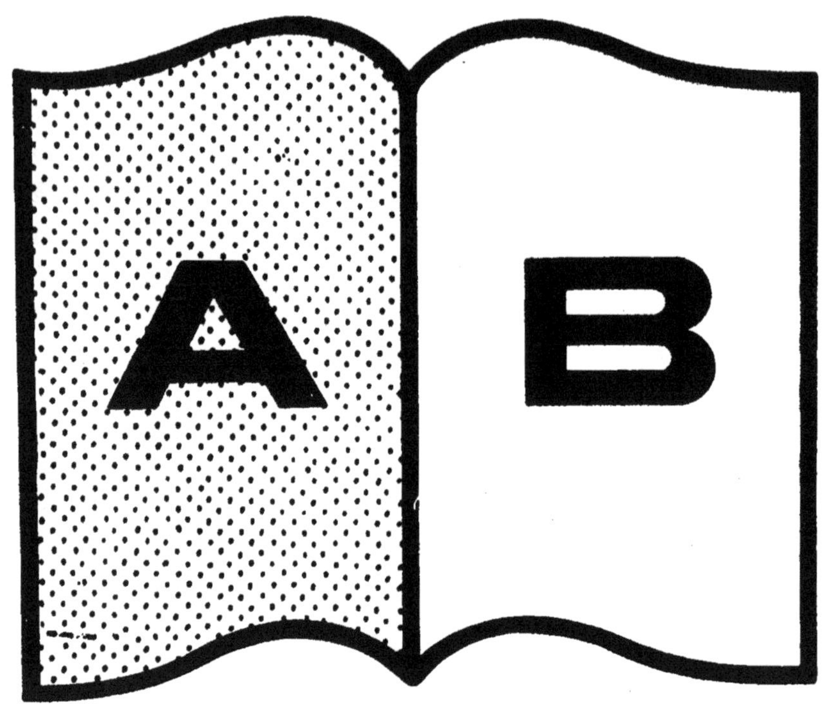

Contraste insuffisant

NF Z 43-120-14

pièce soutenue par quelques situations plaisantes, jugea à propos de la débarrasser de ses mauvais vers, et que, pressé de donner quelques nouveautés, comme directeur de théâtre, il la fit jouer sans scrupule par sa troupe provinciale. Si l'on veut se faire une idée de la grossièreté du *Médecin volant*, de Boursault, nous rappellerons la scène des *Plaideurs*, dans laquelle le juge Dandin, peu satisfait de l'incivilité des petits chiens qu'il a laissé mettre dans son bonnet carré, les repousse loin de lui avec une énergique expression : *Tirez, tirez, ils ont....* etc.... Eh bien, le langage dont Racine use à l'égard de ces innocens animaux, Boursault s'en sert vis à vis de la belle Lucrèce ; il pousse même la complaisance de son médecin jusqu'à mettre dans sa bouche les vers suivans :

> Bois-Robert nous enseigne en sa belle plaideuse,
> Que le goût est solide et la vue est trompeuse,
> Et qu'un grand médecin, quand il fait ce qu'il doit,
> Sent bien mieux une chose à la langue qu'au doigt.

Il faut convenir que nos aïeux ne se montraient pas extrêmement difficiles dans leur gaîté; Molière n'a pas manqué d'imiter ces traits; au moins rachète-t-il les choses de ce genre par la vivacité de son dialogue. Les deux *Médecins volants*, celui de Boursault et celui de Molière, sont deux valets travestis en docteurs, qui servent les amours de leurs maîtres. Le seul côté plaisant de l'intrigue consiste dans la crédulité outrée d'un père, qui prend pour argent comptant le galimatias de ce médecin improvisé, et qui, rencontrant, quelques minutes après cette scène, son docteur en habit ordinaire, se laisse abuser par une histoire de ménechmes. Le piquant de la situation consiste dans l'embarras de ce valet, forcé de jouer le rôle de son prétendu frère en même temps que le sien, et cela, presque sous les yeux de sa dupe. Il en est ainsi dans la scène où, voulant persuader à Géronte que des spadassins le cherchent, Scapin se parle à lui-même, et se répond en contrefaisant sa voix. Sganarelle entre et sort, tantôt par une porte, tantôt par une fenêtre, avec beaucoup d'agilité ; enfin, placé à la croisée, il va jusqu'à poser sur son coude son chapeau et sa fraise, et à faire semblant d'embrasser son frère le docteur. La farce est complète, on le voit.

Nous n'insisterons pas davantage sur ces premières productions de Molière, qui, sous leur trivialité, cachent le germe de son génie. La première pièce que nous trouvons inscrite au répertoire de notre auteur, c'est l'*Etourdi*. Elle fut jouée à Lyon, en 1653. Molière était alors âgé de trente-un ans ; ayant eu peu de succès avec sa troupe à Paris, où il était venu pour se fixer en 1650, dans le jeu de paume de la Croix-Blanche, au faubourg St-Germain, il retourna en province. On trouve sa troupe, à Lyon, composée de Duparc, dit Gros-René, des deux frères Béjart, de Madeleine Béjart, leur sœur, de Lagrange, de Mlle Duparc, de Mlle de Brie et de Molière lui-même, le chef de ces comédiens ambulans. Ce grand homme a débuté comme les héros de Scarron.

La comédie de *l'Etourdi*, dans laquelle on rencontre des marchands d'esclaves, des filles qu'on achète et qu'on vend, est en-dehors de nos mœurs ; la scène se passe à Messine. Mascarille, qui veut procurer à son maître Lélie une jeune esclave que celui-ci souhaite de posséder, invente fourberies sur fourberies pour en venir à ses fins ; et Lélie, qui assurément est plus qu'un étourdi, en approuvant les ruses de son valet, les déjoue malgré lui par sa maladresse. Le style de cette comédie en vers est un peu embarrassé ; les plaisanteries en sont encore quelquefois risquées ; elles n'ont pas ce sens profond qui n'a jamais abandonné Molière dans la suite, du reste, l'intrigue est pleine d'un vrai comique. Dira-t-on que cette pièce offre un tableau de mœurs très-relâchées? Mais lorsque Mascarille prétend que sa subtilité de fourbe lui a *acquis la publique estime*, qui donc le prend au mot? Il est loin de le croire lui-même, et comme Sganarelle du *Médecin vo-*

lant, il a certainement peur qu'on ne finisse par lui appliquer sur les épaules un *cautère royal*. On rit de ses trames rompues à chaque instant, et Molière s'est arrangé de façon à ce qu'on en fût satisfait. On ne voudrait pas qu'il réussît, parce qu'on ne s'intéresse qu'aux entreprises loyales ; ce n'est pas là le sourire qui accueillera plus tard l'indiscret Horace, lorsqu'il voudra retirer, selon le droit des amans, la jeune Agnès des mains de son jaloux.

Les vieillards de Molière, dupes de leur trop de bonté, mais qui pardonnent toujours à leurs fils en se souvenant qu'ils ont été jeunes eux-mêmes, apparaissent dans la pièce de l'*É-tourdi*, et ces deux vers d'Anselme à Léandre résument toute leur philosophie paternelle :

> Si notre esprit n'est pas sage à toutes les heures,
> Les plus courtes erreurs sont toujours les meilleures.

Ils pensent qu'il faut que jeunesse se passe ; cependant ils ne cessent de gronder leurs enfans, afin que l'âge de la folie ne dure pas trop long-temps. Ces vieillards ne s'élèvent jamais, si ce n'est le père de *Don Juan*, à la noblesse de *Géronte* du *Menteur*; mais leur bonhommie est si naïve et si honnête, qu'on serait fâché de leur voir plus de sévérité. Ces braves gens délient avec peine les cordons de leur bourse, et menacent sans cesse leurs fils de les déshériter; mais leur cœur de père, facile à toucher, se rend bientôt au vœu des jeunes gens. Comme ces fils de famille sont vifs, galans, bien tournés! qu'ils ont bonne grâce avec leurs nœuds de rubans ! Sans doute ces messieurs se permettent vis-à-vis de leurs pères certaines supercheries condamnables, pour tirer d'eux quelque argent; on dirait qu'ils regardent ces escroqueries comme un avancement d'hoirie, et le public est presque tenté de partager leur manière de voir. Ce serait un très-grand mal si Molière n'avait toujours mis en scène des vieillards intéressés, et ne s'était étudié à corriger les hommes de son siècle du défaut de l'avarice.

La comédie de l'*Étourdi* est principalement une comédie d'intrigue, à laquelle le second titre de *Contre-temps*, donné par Molière lui-même, convient mieux que le premier. Lélie en effet n'est pas un étourdi, mais un malavisé qui arrive toujours hors de propos et commet une foule d'inadvertances. Ce sujet est tiré d'une pièce italienne intitulée l'*Inavertito*, de Nicolo Barbieri, qui, comme Molière, était à la fois comédien et auteur. Molière a mis également Plaute et Térence à contribution. La comédie latine, avec ses belles esclaves qu'on achète, se trouve là : Molière s'en servira encore plus d'une fois. Les Turcs et les Égyptiens remplaceront les anciens marchands d'esclaves. Quinault fit jouer aussi à cette époque l'*Amant indiscret*, pièce puisée aux mêmes sources ; mais la comédie de Quinault est tombée dans le plus profond oubli. Une des scènes les plus comiques de *l'Étourdi*, est tirée d'un conte de *Douville*, que Cailhava rapporte dans son essai sur l'*Art de la comédie* ; c'est celle où l'un des vieillards vient à rencontrer un voisin qu'il croit mort sur la foi de son valet, et le prend pour un fantôme. On voit que Molière, comme il le disait lui-même, ne se gênait pas pour prendre son bien où il le trouvait.

Molière, bien que fils d'un tapissier, avait été élevé au collège de Louis-le-Grand ; il avait eu pour camarade de classes Armand de Bourbon, prince de Conti. Le prince se souvint toujours de son compagnon Poquelin ; car c'était le nom de sa famille, nom qu'il quitta de peur de le *déshonorer* quand il monta sur le théâtre. Race des Poquelin, que seriez-vous devenue sans ce nom de Molière ? Père Poquelin, vous qui étiez si fier de votre charge de valet-de-chambre-tapissier du roi, bien vous en a pris d'avoir un fils comédien ! Molière, outre Armand de Bourbon, avait eu pour condisciples Chapelle, Bernier, Cyrano de Bergerac, Hesnault, et pour précepteur le célèbre Gassendi. Le prince de Conti, envoyé, en 1654, aux états de Languedoc, qu'il devait tenir, engagea Molière à venir charmer son séjour. Molière se rendit à cette invitation, et joua avec sa troupe le *Dépit amoureux*, sa seconde grande comédie. Elle fut représentée à Béziers en cette année 1654.

Dans le *Dépit amoureux*, Molière s'est attaqué pour la première fois aux choses du cœur, et il l'a fait avec cette grâce et cette vérité extrêmes qui lui ont inspiré la scène adorable de Marianne et de Valère dans le *Tartufe*. L'amour n'a pas eu de secrets pour Molière. C'est un livre dont il a lu toutes les pages. Le *Dépit amoureux* retrace les troubles légers, les querelles, les raccommodemens d'une tendresse conforme à la raison et traversée par des craintes jalouses que font naître de fâcheuses confidences. Plus tard, l'*Ecole des femmes* peindra la passion désordonnée d'un vieillard, les regrets amers et superflus d'un cœur qui aime sans être aimé; puis viendront les emportemens d'Alceste aux prises avec la coquetterie, et la fuite sans retour de l'honnête homme trompé. Jamais on n'a exprimé avec plus de force ce sentiment, ni mieux enseigné aux hommes à se défier de ses séductions. Molière veut que l'amour repose sur la confiance, et la confiance ne peut exister sans la convenance des âges, des caractères, des goûts. Il faut la jeunesse à la jeunesse, la beauté à la beauté, la vertu à la vertu. Telle est la loi de son théâtre : est-il un code plus beau?

Le *Dépit amoureux* fut représenté à Béziers, en cinq actes ; la Comédie-Française a pris la liberté de retrancher, de son autorité privée, trois actes de cette pièce; on ne la joue plus qu'en deux. La Comédie-Française s'est privée, de gaîté de cœur, d'une foule de scènes comiques, comme celle où Polidore et Albert, ayant des raisons secrètes de se craindre réciproquement, se demandent un pardon mutuel après un malentendu, sans savoir ce que l'un veut de l'autre. Cette pièce est encore un emprunt fait au théâtre italien ; on cite deux comédies, la *Credula Maschio*, la fille crue garçon, et *Gli segni amorosi*, les dépits amoureux, qui ont fourni des situations à l'auteur français ; mais, malgré le romanesque de l'intrigue, on sent que Molière est déjà sur son terrain ; il tient la comédie entre ses mains. Le style du *Dépit amoureux* vaut mieux que le style de l'*Étourdi* ; le tissu dramatique est plus serré. Les suppressions de la Comédie-Française ont rendu cette pièce presque inintelligible ; la belle scène du dépit n'a plus de motif raisonnable. Il n'est pas croyable qu'on se permette de pareilles mutilations. Ceux qui n'ont pas lu la pièce ne peuvent s'en faire une idée. La fille crue garçon, sujet de la comédie de Molière, a tout-à-fait disparu. On dirait que les auteurs qui ont porté la main sur cette œuvre ont été pris d'un ardent amour national, et qu'ils ont voulu en ôter tout ce qui venait de l'italien.

Avec le *Dépit amoureux* commence la galerie de ces charmantes filles de Molière, aussi sages que belles, honnêtes personnes qui ont tant de sincérité dans le cœur, et dont la pudeur inaltérable n'est pas effleurée par la liberté des propos de leurs suivantes. Lucile est de ce genre, mais Lucile se sent encore de la mauvaise compagnie où le théâtre avait vécu jusqu'à elle. Lucile donne un soufflet à un valet effronté. Cela n'arrivera pas à ses sœurs cadettes ; elles seront mieux élevées. Leur vertu sera moins *diablesse*, comme dit Elmire en parlant de la sienne. Il n'est pas de galant homme qui ne s'estimât heureux d'avoir pour femme Lucile elle-même, malgré le soufflet donné, et surtout Henriette, Marianne ou Angélique. Quel esprit sévère trouverait à redire à leurs chastes tendresses ? Celles mêmes qui sont un peu trompeuses ne sont point blâmables. Lorsque l'aimable Isabelle, de l'*École des Maris*, comme nous le verrons tout à l'heure, s'échappe de chez son tuteur maussade, sévère et jaloux, on n'a pas le courage de la condamner. Quand la jeune Agnès, de l'*Ecole des Femmes*, préfère le vif et spirituel Horace au ridicule et pédant Arnolphe, commet-elle donc un si grand crime? Leurs amans n'ont-ils pas raison de les adorer? Nous les adorons bien, nous autres, ces ravissantes créatures, qui ne sont à nos yeux que des êtres imaginaires, et nous cherchons, souvent en vain, leurs pareilles dans la société !

On assure que le prince de Conti, charmé des talens de son ancien condisciple, voulut se l'attacher en qualité de secrétaire. Molière refusa ; il comprenait dès alors la valeur de son génie ; il était fait pour commander, et non pour obéir. Il aimait mieux être le chef d'une troupe de comédiens que l'humble serviteur d'un prince. Cependant il usa du crédit et de la bienveillance de son protecteur. Présenté par lui à Monsieur, puis au roi et à la reine, il parvint à obtenir l'autorisation de donner une représentation à Paris, en dépit des priviléges de l'Hôtel de Bourgogne. Sa troupe représenta *Nicomède* et le *Docteur amoureux*, cette pièce regrettée par Boileau. Le roi fut si satisfait des mérites de cette troupe, qu'il lui permit de s'établir sur le théâtre du Petit-Bourbon, et de jouer alternativement avec les Italiens. Elle reçut, de plus, le nom de *troupe de Monsieur :* voilà donc Molière au comble de ses vœux.

Le poëte, jusqu'ici, n'était pas sorti de l'imitation. Plaute et Térence, le théâtre espagnol et le théâtre italien avaient défrayé son génie naissant. En se voyant placé sur une scène plus vaste, il sentit s'élargir la sphère de son art. Il jeta les yeux autour de lui, disposé à reconnaître la faveur du roi, en faisant la guerre aux ridicules et aux vices de son temps. Son regard satirique tomba d'abord sur un célèbre hôtel, l'Hôtel de Rambouillet, où le bel esprit avait élu domicile. Quoique Mme de Sévigné elle-même y puisât le sujet de ses lettres, et que le duc de La Rochefoucauld y formulât quelques unes de ses maximes; Benserade et Mlle de Scudéry l'emportaient souvent sur ces ames d'élite, et la conversation, montée sur un ton flatteur, n'était pas toujours empreinte de naturel et de précision. Voiture osait écrire à la marquise que Michel-Ange n'aurait pas désavoué les dessins qu'elle faisait en jouant. On disputait sur des riens avec un langage qu'on essayait de rendre le plus relevé possible ; on y avait horreur de ce qui était vulgaire; parler comme tout le monde était une preuve de manque de délicatesse ; on raffinait à toute heure sur les sentimens et sur les expressions. Le malheureux nom de Catherine, que portait la marquise de Rambouillet, avait été pour quelque chose dans l'origine de ce mauvais goût. Catherine ! quel nom rebelle à la poésie ! Les faiseurs d'anagrammes s'étaient empressés de le changer en celui d'*Arthénice*, que Malherbe, Racan, Segrais, Fléchier lui-même, avaient eu la faiblesse de consacrer. Il fallait bien que le reste du discours se mît à l'unisson du nom incomparable d'*Arthénice*. De là naquit un jargon précieux, qui ne tarda pas à envahir la cour et la ville, et que Molière s'avisa de tourner en ridicule, lui, le nouveau venu, à peine encore établi. Molière eut toujours bon courage ; il ne s'en prit jamais qu'à des adversaires puissans.

Le bon sens de Molière éclate ici tout d'abord. Il s'agit de deux *pecques provinciales* récemment débarquées à Paris, qui changent de nom comme la marquise de Rambouillet, et veulent tenir chez elle une académie d'esprit. Le côté plaisant de ces galantes assemblées est merveilleusement saisi. Molière raille sans pitié ces folles, qu'il appelle un *ambigu de précieuse et de coquette* ; il n'épargne en même temps ni messieurs du *Recueil des pièces choisies*, ni ses rivaux les comédiens de l'Hôtel de Bourgogne ; il se pose, dès ce moment, en contrôleur général des mœurs et des usages. Les *Précieuses ridicules* furent représentées, sur le théâtre du Petit-Bourbon, le 18 novembre 1658. Cette pièce était le commencement de la bonne comédie, ainsi que le cria du parterre un vieillard, homme de sens, dont le nom eût mérité de passer à la postérité. Le dialogue est vif et franc, le comique incisif et redoublé : Molière est désormais maître de son expression.

C'est à partir des *Précieuses ridicules* que notre auteur entre dans cette brillante carrière semée de chefs-d'œuvre, où il arriva, nous ne dirons pas aux bornes de son art, parce que nous croyons l'art infini, mais aux limites que son époque permettait d'atteindre. Les *Précieuses ridicules* s'en prenaient aux ridicules de la société, et plus tard, lorsque Molière était à l'apogée de sa gloire, dans les *Femmes savantes*, il a tracé, grâce aux contrastes comiques, les véritables devoirs de la femme ; il la veut simple, modeste, bienveillante, instruite, mais ayant à l'occasion l'art d'ign orer les choses qu'elle sait, ne fût-ce que pour empêcher la contradiction de faire grimacer sa charmante figure ; il lui reconnaît l'empire de la faiblesse et de la grâce ; il exige, en un mot, qu'elle soit telle que la nature l'a créée, faite pour les douceurs du foyer domestique, et non pas pour aller mêler sa voix aux disputes du monde, et briller dans les bureaux d'esprit ; qu'elle rende la vie aimable et heureuse à ceux qui l'entourent ; qu'elle élève avec soin ses enfans ; qu'elle soit fidèle à son mari, si cela se peut. Voilà ce que veut Molière avec tous les honnêtes gens.

Le succès des *Précieuses ridicules* et l'audace de la critique de l'auteur à l'encontre de messieurs du *Recueil des pièces choisies*, firent naître des ennemis à Molière parmi ses confrères subalternes. Un certain Antoine Baudeau se déclara contre lui ; il s'avisa d'une pièce intitulée les *Véritables précieuses*, pour montrer toute la noirceur de Molière ; mais ne jugeant pas, à ce qu'il paraît, sa pièce suffisante en un si grand dessein ; il crut devoir l'accompagner d'une préface. Voici dans quels termes il s'explique : « Depuis que la modestie et » l'insolence sont deux contraires, on ne les a jamais vues » mieux unies, qu'a fait dans sa préface l'auteur des *Pré-* » *cieuses ridicules*. Car, si nous examinons ses paroles, il sem-

» ble qu'il soit assez modeste pour craindre de faire mettre
» son nom sous la presse; cependant il cache sous cette fausse
» vertu tout ce que l'insolence a de plus effronté ; et c'est sur le
» théâtre une satyre qui, quoique sous des images grotes-
» ques, ne laisse pas de blesser tous ceux qu'il a voulu accu-
» ser; il fait de plus le critique, il s'érige en juge, et condam-
» ne à la berne les singes, sans voir qu'il prononce un arrêt
» contre lui en le prononçant contre eux; puisqu'il est cer-
» tain qu'il est *singe* en tout ce qu'il fait, et que non seule-
» ment il a copié *les Précieuses* de M. l'abbé de Pure, jouées
» par les Italiens, mais encore qu'il a imité, par une singe-
» rie dont il est seul capable, *le Médecin volant* et plusieurs
» autres pièces des mêmes Italiens, qu'il n'imite pas seule-
» ment en ce qu'ils ont joué sur leur théâtre, mais encore en
» faisant leurs postures, contrefaisant sans cesse sur le sien
» et Trivelin et Scaramouche. Mais qu'*attendre* de cet homme
» qui tire toute sa gloire des mémoires de Gilles Gurgeo,
» qu'il a achetés de sa veuve, et dont il adopte les ouvrages.»

Ce morceau n'est-il pas grotesque, y compris le style ? et
Molière assurément sera dans son droit lorsqu'il traitera avec
un profond mépris les Bavius et les Mévius de son temps.
Antoine Baudeau, qui se demandait ce qu'il fallait *attendre* de
cet homme, a dû être fort surpris lorsque l'auteur des *Précieuses ridicules* s'est transfiguré en celui du *Misanthrope*, si tant
est qu'il ait compris *le Misanthrope* plus que les *Précieuses*. Nous
avons vu *le Médecin volant* imité par Molière; quant aux *Précieuses* de l'abbé de Pure, il n'en a rien pris; il n'y avait rien
à y prendre en effet. Mais il a emprunté à un certain Chappu-
zeau le déguisement d'un valet en marquis, déguisement qui
s'opère pour punir une pédante et une sotte, déguisement
qui était depuis long-temps au théâtre avant Molière, et dont
on s'est tant de fois servi après lui ; les pièces de Marivaux
sont pleines de ces sortes de travestissemens. Il est presque
inutile de faire observer que Molière, en attachant l'épithète
de *ridicules* à ses précieuses, se conservait par là une excuse

auprès des autres avec lesquelles il ne voulait pas se brouil-
ler plus que de raison. Le mot de *précieuse* n'emportait pas
encore un sens défavorable; mesdames de Bouillon, de Lon-
gueville, de Rambouillet, étaient femmes à ménager un
peu.

On est étonné de voir Molière, après s'être élevé à la hau-
teur de la bonne comédie, redescendre aux farces des canevas italiens. Il imita une pièce intitulée *Arlequin Cornuto per
opinione*. *Sganarelle* ou le *Cocu imaginaire*, qu'il fit représen-
ter le 28 mai 1660, n'est pas digne de succéder aux *Précieuses
ridicules*. Cette pièce semble s'être trompée de date ; elle eût
dû venir après la *Jalousie de Barbouillé*, qui, du reste, en a
sans doute fourni la première idée. Le second titre de cette
comédie offense notre délicatesse actuelle; mais le mot si lar-
gement employé par Molière était reçu de son temps dans la
bonne compagnie. On pensait que, la chose étant si commune,
il fallait bien qu'elle eût un nom. Molière regardait même les
gens de cette condition comme formant un corps, une classe
dans la société. Dans sa préface du *Tartufe*, il s'exprime avec
cette plaisante naïveté : « Les marquis, les précieuses, les
cocus et les médecins, ont souffert doucement qu'on les ait
représentés, et ils ont fait semblant de se divertir avec tout le
monde des peintures que l'on a faites d'eux ; mais les hypo-
crites n'ont point entendu raillerie, etc.» Molière, si prompt
à se moquer des infortunes des époux, eut son tour, assure-
t-on, et prit l'affaire fort au sérieux. On a accusé ses raille-
ries continuelles sur ce sujet de porter atteinte à la morale
publique; Jean-Jacques Rousseau en a pris l'occasion de lan-
cer sur lui les foudres de son éloquence genevoise ; mais, si
l'on veut réfléchir, on comprendra que le but de Molière n'é-
tait pas seulement d'exciter ce rire malicieux que manque
rarement de produire la chute d'un voisin. Chaque homme, d'a-
près le sens de Molière et celui de la nature, a besoin d'une
femme qui joigne sa destinée à la sienne, et avec laquelle il
puisse tranquillement passer sa vie; leur bonheur dépend du

choix qu'ils font. Ce choix est donc regardé, à juste raison, comme une chose très-importante pour les hommes raisonnables. La comédie de Molière apprend à le faire, ce choix, en montrant le vice des unions mal assorties et en fondant le repos et l'honneur des vieilles années sur la sympathie et la fidélité des jeunes. Voilà pourquoi elle favorise presque toujours la volonté des amans, lorsqu'ils ont la bienséance pour eux.

Si Sganarelle a peur d'un accident fâcheux pour son honneur, c'est que Sganarelle est un sot qui néglige sa femme, et qui perd en de vaines imaginations un temps que sa femme voudrait voir mieux employé chez lui; si Georges Dandin se voit près de tomber aussi dans l'abîme des disgrâces conjugales, c'est qu'il a eu la folie, lui paysan riche, de s'allier à la famille des Sottenville, où le ventre ne faisait pas qu'*anoblir*. Il n'a pas consulté les convenances sociales; son mariage est disproportionné; et lui-même, Molière, dut se reprocher plus d'une fois d'avoir épousé une comédienne exposée à tant de séductions. Il tomba dans le défaut qu'il reprenait chez les autres. En s'égayant des malheurs qui arrivent aux époux mal-avisés, il était dans son droit comique; il a suivi les lois de son art; il a servi le sens commun. Loin de désorganiser le mariage, il le consolide par les conditions qu'il veut qu'on apporte dans ce pacte sacré. Cela nous semble si clair, que nous ne concevons pas l'ombre d'un doute là-dessus, à moins de se placer au faux point de vue de Rousseau, ce qui prouve que la raison des hommes de génie n'est point infaillible, et que les plus grands philosophes peuvent se laisser aveugler par le bandeau des préjugés ou des intérêts.

On a eu tort de comparer le Gorgibus de Sganarelle à celui des *Précieuses ridicules*. Le père de Cathos et de Madelon est un homme plein de sens, qui a raison de morigéner deux sottes; le père de Célie a tort de vouloir forcer l'inclination de sa fille, pour lui faire épouser un homme qu'elle ne connaît pas; par cela seul qu'il vient de tomber à ce prétendant un grand bien en partage. En vain s'écrie-t-il

> Que l'amour est souvent un fruit du mariage;

il vaut mieux que le mariage soit le fruit, et l'amour la fleur. Gorgibus dit à sa fille :

> De quolibets d'amour votre tête est remplie,
> Et vous parlez de Dieu bien moins que de Clélie;
> Jetez-moi dans le feu tous ces méchants écrits
> Qui gâtent tous les jours tant de jeunes esprits.

Mais il propose de remplacer cette lecture par les *Quatrains* de Pibrac, les doctes *Tablettes* du conseiller Mathieu, et le *Guide des Pécheurs*. On dirait que pour faire une espèce de réparation à mademoiselle de Scudéry, et aux autres auteurs attaqués par lui dans les *Précieuses*, petits auteurs qui faisaient grand bruit, il a voulu montrer qu'une fille sage pouvait lire leurs ouvrages sans en perdre l'esprit, et même en intéressant à ses amours.

Le croirait-on? Molière, se voyant accuser de bas comique, en vint presqu'à vouloir prendre pour modèles les héros de l'Urfé et de mademoiselle de Scudéry, qu'il avait sacrifiés sur la scène : il prétendit s'élever à la comédie héroïque comme Corneille l'avait fait dans *Don Sanche d'Aragon*. Molière avait, pour son propre compte, expérimenté la jalousie, quoiqu'il ne fût pas encore marié : il voulut peindre tous les tourmens de cette sombre passion. Il composa l'héroïde de *Don Garcie de Navarre*, qui fut jouée le 4 février 1661, sur le théâtre du Palais-Royal. Don Garcie de Navarre est un amant qui ne cesse de retomber en des accès de jalousie, malgré les sermens qu'il fait de se corriger de cette frénésie, et en dépit des preuves que sa maîtresse lui donne de sa fidélité. Cette pièce est froide malgré les emportements de don Garcie. Elle n'eut pas de succès. Molière la retira de son répertoire ; plus tard, il en transporta dans le *Misanthrope* quelques mouvements et quelques beaux vers. Il en avait bien le droit cette fois ! Il y a au théâtre un axiôme tout-à-fait contraire à la morale privée. C'est que l'on doit tuer ceux que l'on dérobe ; on y hérite que des gens qu'on assassine. Molière, en cette circonstance, eut recours au suicide ; il mit lui-même don Garcie de Navarre au rang des morts.

Notre auteur avait une revanche à prendre ; il se la fit éclatante. L'*Ecole des Maris* obtint un grand succès, le 24 juin 1661, sur le théâtre du Palais-Royal. Ce fut la continuation de la bonne comédie, dont les *Précieuses Ridicules* avaient été le coup d'essai. Comme dut être heureux, s'il assistait à cette représentation, le vieillard du parterre qui avait jeté naguère à notre auteur une si encourageante apostrophe ! « Quand Molière n'aurait fait que l'*Ecole des Maris*, dit Voltaire, il passerait encore pour un excellent comique. » Et Voltaire a raison.

L'*Ecole des Maris*, dont le titre n'est pas tout-à-fait exact, puisqu'il s'agit de deux personnages qui ne sont pas encore mariés, offre deux systèmes d'éducation à l'égard des jeunes personnes. Molière s'est toujours montré le défenseur des femmes, même les plus rusées ; aussi veut-il tout d'abord qu'elles ne soient ni enfermées ni contraintes ; il préfère s'en remettre à leur foi, quelque dangereuse que puisse être la liberté pour elles. Il ne cessera de soutenir cette thèse, laquelle, devenue la loi du théâtre, tantôt se traduira par les espiègleries d'Isabelle et d'Agnès, tantôt par le bon sens de ses servantes, et recevra enfin sa sanction de la noble conduite d'Elmire, la femme d'Orgon.

L'excellence des moyens de Molière se révèle dans cette pièce. Plus de bouffonnerie comme dans le *Cocu imaginaire* ; plus d'amours romanesques comme dans *Don Garcie de Na-*

varre. L'auteur s'est attaqué à la réalité des mœurs. Rien n'est plaisant comme de voir le tuteur d'Isabelle servir de Mercure à sa charmante pupille, et porter les tendres messages qui tourneront contre lui ; cette bonhomie d'un individu ridicule sans le savoir, et travaillant à sa perte, sera pour le poëte une grande source de comique à l'avenir. Isabelle, il faut l'avouer, est un peu friponne, sans trop s'écarter des bienséances. Grande est sa légèreté, lorsqu'elle va chercher un refuge dans la maison même de son amant ; mais à qui la faute ? à son geôlier :

> Sommes-nous chez les Turcs, pour enfermer les femmes ?

Personne ne plaint la destinée de Sganarelle, fort heureux de n'être pas encore mari, car la visite que rend Isabelle au jeune Valère n'aurait plus pour sauvegarde l'innocence. Ce Sganarelle se trouverait dans l'exacte position de George Dandin. La série des frères et amis raisonneurs, non moins que raisonnables, de Molière, commence avec l'Ariste de l'*Ecole des Maris*. Ce personnage est le type de ces honnêtes bourgeois pleins de sens, qui connaissent si bien la pratique de la vie, et veulent qu'on s'y accommode du mieux possible, en respectant le goût des autres. Ariste sait se plier même à la mode, cette divinité changeante ; il est de l'avis de La Bruyère ; il pense aussi *qu'un philosophe doit se laisser habiller par son tailleur.*

Molière a pris à Térence ses deux frères, dont l'un est doux et complaisant, l'autre maussade et méfiant. A la place des deux filles, ce sont deux jeunes gens qu'élèvent les vieillards de Térence ; mais nous devons ajouter que le Micion du poëte latin, qui a servi de modèle à l'Ariste du poëte français, pousse un peu trop loin la tolérance ; il dit à son frère :

> Non est flagitium, mihi, crede, adolescentulum,

Scortari neque potare; non est neque forcs
Effrangere (1).

La Morale de ce Micion était un peu relâchée. L'Ariste de
Molière permet, lui, à sa pupille Léonor d'aller à la comédie,
au bal, toute seule, avec sa suivante, et c'est assurément oser
beaucoup. Léonor ne prête pas l'oreille aux discours des galans, mais elle peut s'y habituer. Nous avons remarqué que
dans la distribution des rôles faite par Molière pour sa troupe,
celui de Léonor appartenait à Mlle Béjart, qui depuis fut sa
femme. Peut-être espérait-il lui inculquer ainsi le sentiment
du devoir. Malheureusement le mariage de Molière ne porta
pas d'heureux fruits : Ariste eut à se repentir d'avoir épousé
Léonor.

De toutes les filles de Molière, Isabelle est la plus hardie.
Agnès, qu'on peut regarder comme sa sœur jumelle, est
moins aventureuse ; Agnès ne fait que répondre aux avan-
ces d'Horace ; Isabelle provoque celles de Valère. Molière, en empruntant à un conte italien les ressorts ingénieux
de sa comédie, car il a su fondre Térence et Boccace, subs-
titua à une femme mariée une fille libre dont on veut contra-
rier le désir. Après avoir sauvé les mœurs, il lui restait à
adoucir ce qui pouvait paraître choquant dans la conduite
d'Isabelle ; c'est avec un art infini qu'il l'a fait, non-seule-
ment en traçant le portrait d'un tuteur ridicule et maladroit,
capable même de violence, mais encore en insistant sur la
sincérité de l'amour des deux jeunes gens. Isabelle sort, il
est vrai, des limites que lui assigne la pudeur de son sexe,
mais elle en demande d'abord pardon au ciel ; elle y est con-
trainte par la réclusion qu'on lui fait subir ; et l'on a trop

(1) Croyez-moi, ce n'est pas un si grand crime à un jeune homme
de faire l'amour, d'aller au cabaret, d'enfoncer les portes.

bien vu l'honnête tendresse que Valère lui porte pour avoir quelque inquiétude sur sa démarche. On sent bien qu'elle n'est pas femme à se vêtir de serge, comme le veut Sganarelle, et à vivre dans la compagnie des dindons d'une basse-cour ; elle a trop de grâce dans la taille et trop de malice dans l'esprit pour cela ; ce n'est pas une effrontée, il s'en faut, et la mère de famille la plus sévère ne la désavouerait pas pour sa fille, tout en reconnaissant qu'elle a un peu trop de penchant à la dissimulation.

Cette pièce fournit plusieurs exemples de certaines libertés que Molière prendra avec ses spectateurs, toutes les fois qu'il en aura envie. Il a emprunté au théâtre ancien la place publique ; il jalonne de chaque côté les maisons des gens dont il a besoin : lui faut-il un commissaire ? un coup de marteau donné à l'angle d'un mur, et le commissaire désiré paraît ! un notaire est-il indispensable ? le notaire demandé se montre ! voulez-vous un frère qui raisonne, vous l'aurez par le même procédé. Pour expliquer des rencontres multipliées dans le même lieu, nous entendrons Horace, de l'*Ecole des Femmes*, dire à Arnolphe :

La place n'est heureuse à vous y rencontrer.

Quand une somme d'argent sera nécessaire à l'action, son personnage aura toujours sur lui la somme voulue. Ce sont des défauts, assurément, mais qu'on pardonne à Molière à cause de la naïveté qu'il y met. Le dénouement de l'*Ecole des Maris*, vanté par beaucoup de critiques, n'est pas exempt de ce sans-façon ; cependant le spectateur est si satisfait de voir le tuteur d'Isabelle puni de sa rigueur, qu'il fait bon marché du reste ; il admet aisément le commode voisinage du commissaire, du notaire et du frère.

Il est une chose qui devrait singulièrement faire réfléchir les littérateurs de notre temps, si empressés de publier leurs ouvrages, eux qui se tuent quelquefois dès leur vingtième année, parce que la renommée n'a pas encore répété leur nom. S'ils daignaient s'instruire du passé, ils sauraient que *l'Ecole des Maris* est la première pièce que Molière ait cru pouvoir imprimer ; car le manuscrit des *Précieuses ridicules* lui ayant été dérobé, comme nous l'avons dit, ce ne fut pas de son plein gré qu'il se décida à rectifier les erreurs contenues dans une édition faite sans sa participation. Il avait retenu ses autres comédies dans son porte-feuille. Aujourd'hui, l'auteur du moindre vaudeville, joué au théâtre du Panthéon ou du Luxembourg, ne manque pas de le faire paraître quelques jours après chez Barba, comme si la France impatiente attendait son œuvre sans nom. Autre temps, autre mœurs, autres comédies aussi !!! Molière professa toujours cette modestie suprême, ce doute des grands esprits, et plus tard il fit tenir à son *Misanthrope* les discours les plus sensés là-dessus. Molière, guidé toute sa vie par de tels principes littéraires, hésitait à livrer à l'impression *l'Ecole des Maris*, ce chef-d'œuvre, et Molière avait alors trente-neuf ans, âge qui le rendait parfaitement susceptible d'apprécier la valeur de son génie. Avant d'avoir atteint cet âge, tous nos grands hommes ont déjà publié leurs œuvres complètes. Comme Molière eût souri, de son sourire le plus philosophique, s'il eût été témoin de cette déplorable fécondité et de cette incroyable présomption !

L'intrigue des *Fâcheux*, cette comédie-ballet jouée à Vaux le 17 août 1661, est moins compacte et moins travaillée que celle de *l'Ecole des Maris*. Molière, dans l'avertissement mis en tête de la première édition de ses *Fâcheux*, assure que cette comédie a été *conçue, faite, apprise* et *représentée en quinze jours*, et il rejette adroitement les fautes qui peuvent s'y trouver sur le peu de temps qu'on lui accorda pour cette composition, la pièce ayant été commandée par le roi à l'occasion des fêtes que le surintendant Fouquet donna, à la